M000223157

POCKET PARADIGMS

FOR Biblical Hebrew

MARK D. FUTATO

WIPF & STOCK · Eugene, Oregon

Wipf and Stock Publishers
199 W 8th Ave, Suite 3
Eugene, OR 97401

Pocket Paradigms
For Biblical Hebrew
By Futato, Mark
Copyright©1992 by Futato, Mark
ISBN 13: 978-1-59752-449-0
Publication date 11/17/2008

To my wife, Adele,

my encourager
when I first committed
these paradigms
to memory.

CONTENTS

INTRODUCTION

■ Purpose of *Pocket Paradigms*

Pocket Paradigms is designed to aid the student in the initial memorization of the Hebrew verbal paradigms and to provide a convenient means for the continual review of the verb forms until **mastery is attained**.

The handy size provides easy access to the paradigms for use in memorization or as an aide while reading the Hebrew Bible.

The page layout gives the full paradigm at a glance. The left hand page lists the perfect and imperfect in parallel columns, followed by the jussive and cohortative. The right hand page completes the volitional forms with the imperative, followed by the participle. The waw-relative form is placed to the immediate right of the jussive, since these forms are morphologically related and often identical. Infinitives conclude the paradigm.

■ Scope of *Pocket Paradigms*

Pocket Paradigms includes all of the paradigms a student should commit to memory by the end six academic hours of study in a college or seminary.

The paradigms for all seven major stems/patterns of the regular verb are provided. Two criteria determined the paradigms included for the irregular verbs: 1) only the paradigms of the affected conjugations and 2) only those of relatively high frequency have been included.

Not all of the included forms occur for the root that has been employed. Forms that do not occur with any root in a given stem/pattern have not been created; XXX is used in such slots.

Mastery of *Pocket Paradigms* will enable the reader of the Hebrew Bible to recognize the majority of verbal forms encountered.

ABBREVIATIONS

m	masculine
f	feminine
s	singular
p	plural
Infc	infinitive construct
Infa	infinitive absolute

REGULAR

PERFECT		IMPERFECT
קָטַל	3ms	יִקְטֹל
קָטְלָה	3fs	תִּקְטֹל
קָטַלְתָּ	2ms	תִּקְטֹל
קָטַלְתְּ	2fs	תִּקְטְלִי
קָטַלְתִּי	1cs	אֶקְטֹל
קָטְלוּ	3mp	יִקְטְלוּ
קָטְלוּ	3fp	תִּקְטֹלְנָה
קְטַלְתֶּם	2mp	תִּקְטְלוּ
קְטַלְתֶּן	2fp	תִּקְטֹלְנָה
קָטַלְנוּ	1cp	נִקְטֹל

JUSSIVE

3ms	יִקְטֹל

COHORTATIVE

1cs	אֶקְטְלָה
1cp	נִקְטְלָה

קטל

IMPERATIVE

ms	קְטֹל
fs	קִטְלִי
mp	קִטְלוּ
fp	קְטֹלְנָה

PARTICIPLE

ms	קֹטֵל
fs	קֹטֶלֶת / קֹטְלָה
mp	קֹטְלִים
fp	קֹטְלוֹת

WAW-RELATIVE

3ms	וַיִּקְטֹל

INFINITIVE

Infc	קְטֹל
InfA	קָטוֹל

REGULAR   NIPHAL

PERFECT		IMPERFECT
נִקְטַל	3ms	יִקָּטֵל
נִקְטְלָה	3fs	תִּקָּטֵל
נִקְטַלְתָּ	2ms	תִּקָּטֵל
נִקְטַלְתְּ	2fs	תִּקָּטְלִי
נִקְטַלְתִּי	1cs	אֶקָּטֵל
נִקְטְלוּ	3mp	יִקָּטְלוּ
נִקְטְלוּ	3fp	תִּקָּטַלְנָה
נִקְטַלְתֶּם	2mp	תִּקָּטְלוּ
נִקְטַלְתֶּן	2fp	תִּקָּטַלְנָה
נִקְטַלְנוּ	1cp	נִקָּטֵל

JUSSIVE

3ms		יִקָּטֵל

COHORTATIVE

1cs		אֶקָּטְלָה
1cp		נִקָּטְלָה

IMPERATIVE

ms	הִקָּטֵל
fs	הִקָּטְלִי
mp	הִקָּטְלוּ
fp	הִקָּטַלְנָה

PARTICIPLE

ms	נִקְטָל
fs	נִקְטֶלֶת / נִקְטָלָה
mp	נִקְטָלִים
fp	נִקְטָלוֹת

WAW-RELATIVE

3ms	וַיִּקָּטֵל

INFINITIVE

Infc	הִקָּטֵל
InfA	הִקָּטֹל / נִקְטֹל

PERFECT		IMPERFECT
קִטֵּל	3ms	יְקַטֵּל
קִטְּלָה	3fs	תְּקַטֵּל
קִטַּלְתָּ	2ms	תְּקַטֵּל
קִטַּלְתְּ	2fs	תְּקַטְּלִי
קִטַּלְתִּי	1cs	אֲקַטֵּל
קִטְּלוּ	3mp	יְקַטְּלוּ
קִטְּלוּ	3fp	תְּקַטֵּלְנָה
קִטַּלְתֶּם	2mp	תְּקַטְּלוּ
קִטַּלְתֶּן	2fp	תְּקַטֵּלְנָה
קִטַּלְנוּ	1cp	נְקַטֵּל

JUSSIVE

3ms	יְקַטֵּל

COHORTATIVE

1cs	אֲקַטְּלָה
1cp	נְקַטְּלָה

קטל

IMPERATIVE

ms	קַטֵּל
fs	קַטְּלִי
mp	קַטְּלוּ
fp	קַטֵּלְנָה

PARTICIPLE

ms	מְקַטֵּל
fs	מְקַטֶּלֶת / מְקַטְּלָה
mp	מְקַטְּלִים
fp	מְקַטְּלוֹת

WAW-RELATIVE

3ms	וַיְקַטֵּל

INFINITIVE

Infc	קַטֵּל
Infa	קַטֵּל / קַטֹּל

REGULAR   PUAL

PERFECT   ### IMPERFECT

קֻטַּל	3ms	יְקֻטַּל
קֻטְּלָה	3fs	תְּקֻטַּל
קֻטַּלְתָּ	2ms	תְּקֻטַּל
קֻטַּלְתְּ	2fs	תְּקֻטְּלִי
קֻטַּלְתִּי	1cs	אֲקֻטַּל
קֻטְּלוּ	3mp	יְקֻטְּלוּ
קֻטְּלוּ	3fp	תְּקֻטַּלְנָה
קֻטַּלְתֶּם	2mp	תְּקֻטְּלוּ
קֻטַּלְתֶּן	2fp	תְּקֻטַּלְנָה
קֻטַּלְנוּ	1cp	נְקֻטַּל

JUSSIVE

3ms	יְקֻטַּל

COHORTATIVE

1cs	אֲקֻטְּלָה
1cp	נְקֻטְּלָה

קטל

IMPERATIVE

ms	XXX
fs	XXX
mp	XXX
fp	XXX

PARTICIPLE

ms	מְקֻטָּל
fs	מְקֻטֶּלֶת / מְקֻטָּלָה
mp	מְקֻטָּלִים
fp	מְקֻטָּלוֹת

WAW-RELATIVE

3ms	וַיְקֻטַּל

INFINITIVE

Infc	XXX
Infa	קֻטֹּל

REGULAR   HIPHIL

PERFECT		IMPERFECT
הִקְטִיל	3ms	יַקְטִיל
הִקְטִילָה	3fs	תַּקְטִיל
הִקְטַלְתָּ	2ms	תַּקְטִיל
הִקְטַלְתְּ	2fs	תַּקְטִילִי
הִקְטַלְתִּי	1cs	אַקְטִיל
הִקְטִילוּ	3mp	יַקְטִילוּ
הִקְטִילוּ	3fp	תַּקְטֵלְנָה
הִקְטַלְתֶּם	2mp	תַּקְטִילוּ
הִקְטַלְתֶּן	2fp	תַּקְטֵלְנָה
הִקְטַלְנוּ	1cp	נַקְטִיל

JUSSIVE

3ms	יַקְטֵל

COHORTATIVE

1cs	אַקְטִילָה
1cp	נַקְטִילָה

קטל

IMPERATIVE

MS	הַקְטֵל
fs	הַקְטִילִי
MP	הַקְטִילוּ
fp	הַקְטֵלְנָה

PARTICIPLE

MS	מַקְטִיל
fs	מַקְטֶלֶת / מַקְטִילָה
MP	מַקְטִילִים
fp	מַקְטִילוֹת

WAW-RELATIVE

3MS	וַיַּקְטֵל

INFINITIVE

INfc	הַקְטִיל
INfA	הַקְטֵל

REGULAR		HOPHAL

PERFECT

IMPERFECT

הָקְטַל	3ms	יָקְטַל
הָקְטְלָה	3fs	תָּקְטַל
הָקְטַלְתָּ	2ms	תָּקְטַל
הָקְטַלְתְּ	2fs	תָּקְטְלִי
הָקְטַלְתִּי	1cs	אָקְטַל
הָקְטְלוּ	3mp	יָקְטְלוּ
הָקְטְלוּ	3fp	תָּקְטַלְנָה
הָקְטַלְתֶּם	2mp	תָּקְטְלוּ
הָקְטַלְתֶּן	2fp	תָּקְטַלְנָה
הָקְטַלְנוּ	1cp	נָקְטַל

JUSSIVE

3ms	יָקְטַל

COHORTATIVE

1cs	אָקְטְלָה
1cp	נָקְטְלָה

IMPERATIVE

ms	XXX
fs	XXX
mp	XXX
fp	XXX

PARTICIPLE

ms	מְקֻטָּל
fs	מְקֻטֶּלֶת / מְקֻטָּלָה
mp	מְקֻטָּלִים
fp	מְקֻטָּלוֹת

WAW-RELATIVE

3ms	וַיְקֻטַּל

INFINITIVE

Infc	XXX
Infa	הָקְטֵל

REGULAR		HITHPAEL

PERFECT		IMPERFECT
הִתְקַטֵּל	3ms	יִתְקַטֵּל
הִתְקַטְּלָה	3fs	תִּתְקַטֵּל
הִתְקַטַּלְתָּ	2ms	תִּתְקַטֵּל
הִתְקַטַּלְתְּ	2fs	תִּתְקַטְּלִי
הִתְקַטַּלְתִּי	1cs	אֶתְקַטֵּל
הִתְקַטְּלוּ	3mp	יִתְקַטְּלוּ
הִתְקַטְּלוּ	3fp	תִּתְקַטֵּלְנָה
הִתְקַטַּלְתֶּם	2mp	תִּתְקַטְּלוּ
הִתְקַטַּלְתֶּן	2fp	תִּתְקַטֵּלְנָה
הִתְקַטַּלְנוּ	1cp	נִתְקַטֵּל

JUSSIVE

3ms	יִתְקַטֵּל

COHORTATIVE

1cs	אֶתְקַטְּלָה
1cp	נִתְקַטְּלָה

קֹטֶל

IMPERATIVE

MS	הִתְקַטֵּל
fs	הִתְקַטְּלִי
mp	הִתְקַטְּלוּ
fp	הִתְקַטֵּלְנָה

PARTICIPLE

MS	מִתְקַטֵּל
fs	מִתְקַטֶּלֶת / מִתְקַטְּלָה
mp	מִתְקַטְּלִים
fp	מִתְקַטְּלוֹת

WAW-RELATIVE

3ms	וַיִּתְקַטֵּל

INFINITIVE

Infc	הִתְקַטֵּל
InfA	הִתְקַטֵּל

PERFECT		IMPERFECT
עָמַד	3ms	יַעֲמֹד
עָמְדָה	3fs	תַּעֲמֹד
עָמַדְתָּ	2ms	תַּעֲמֹד
עָמַדְתְּ	2fs	תַּעַמְדִי
עָמַדְתִּי	1cs	אֶעֱמֹד
עָמְדוּ	3mp	יַעַמְדוּ
עָמְדוּ	3fp	תַּעֲמֹדְנָה
עֲמַדְתֶּם	2mp	תַּעַמְדוּ
עֲמַדְתֶּן	2fp	תַּעֲמֹדְנָה
עָמַדְנוּ	1cp	נַעֲמֹד

JUSSIVE

3ms	יַעֲמֹד

COHORTATIVE

1cs	אֶעֶמְדָה
1cp	נַעַמְדָה

עמד

IMPERATIVE

MS	עֲמֹד
fs	עִמְדִי
MP	עִמְדוּ
fp	עֲמֹדְנָה

PARTICIPLE

MS	עֹמֵד
fs	עֹמֶדֶת / עֹמְדָה
MP	עֹמְדִים
fp	עֹמְדוֹת

WAW-RELATIVE

3MS	וַיַּעֲמֹד

INFINITIVE

Infc	עֲמֹד
InfA	עָמוֹד

PERFECT		IMPERFECT
נֶעֱמַד	3ms	יֵעָמֵד
נֶעֶמְדָה	3fs	תֵּעָמֵד
נֶעֱמַדְתָּ	2ms	תֵּעָמֵד
נֶעֱמַדְתְּ	2fs	תֵּעָמְדִי
נֶעֱמַדְתִּי	1cs	אֵעָמֵד
נֶעֶמְדוּ	3mp	יֵעָמְדוּ
נֶעֶמְדוּ	3fp	תֵּעָמַדְנָה
נֶעֱמַדְתֶּם	2mp	תֵּעָמְדוּ
נֶעֱמַדְתֶּן	2fp	תֵּעָמַדְנָה
נֶעֱמַדְנוּ	1cp	נֵעָמֵד

JUSSIVE

3ms	יֵעָמֵד

COHORTATIVE

1cs	אֵעָמְדָה
1cp	נֵעָמְדָה

עמד

IMPERATIVE

ms	הֵעָמֵד
fs	הֵעָמְדִי
mp	הֵעָמְדוּ
fp	הֵעָמַדְנָה

PARTICIPLE

ms	נֶעֱמָד
fs	נֶעֱמֶדֶת / נֶעֱמָדָה
mp	נֶעֱמָדִים
fp	נֶעֱמָדוֹת

WAW-RELATIVE

3ms	וַיֵּעָמֵד

INFINITIVE

Infc	הֵעָמֵד
Infa	הֵעָמוֹד / נַעֲמוֹד

I GUTTURAL HIPHIL

PERFECT		IMPERFECT
הֶעֱמִיד	3ms	יַעֲמִיד
הֶעֱמִידָה	3fs	תַּעֲמִיד
הֶעֱמַדְתָּ	2ms	תַּעֲמִיד
הֶעֱמַדְתְּ	2fs	תַּעֲמִידִי
הֶעֱמַדְתִּי	1cs	אַעֲמִיד
הֶעֱמִידוּ	3mp	יַעֲמִידוּ
הֶעֱמִידוּ	3fp	תַּעֲמֵדְנָה
הֶעֱמַדְתֶּם	2mp	תַּעֲמִידוּ
הֶעֱמַדְתֶּן	2fp	תַּעֲמֵדְנָה
הֶעֱמַדְנוּ	1cp	נַעֲמִיד

JUSSIVE

3ms	יַעֲמֵד

COHORTATIVE

1cs	אַעֲמִידָה
1cp	נַעֲמִידָה

IMPERATIVE

הַעֲמֵד	ms
הַעֲמִידִי	fs
הַעֲמִידוּ	mp
הַעֲמֵדְנָה	fp

PARTICIPLE

מַעֲמִיד	ms
מַעֲמֶדֶת / מַעֲמִידָה	fs
מַעֲמִידִים	mp
מַעֲמִידוֹת	fp

WAW-RELATIVE

וַיַּעֲמֵד	3ms

INFINITIVE

הַעֲמִיד	Infc
הַעֲמֵד	InfA

PERFECT		IMPERFECT
רָחַץ	3ms	יִרְחַץ
רָחֲצָה	3fs	תִּרְחַץ
רָחַצְתָּ	2ms	תִּרְחַץ
רָחַצְתְּ	2fs	תִּרְחֲצִי
רָחַצְתִּי	1cs	אֶרְחַץ
רָחֲצוּ	3mp	יִרְחֲצוּ
רָחֲצוּ	3fp	תִּרְחַצְנָה
רְחַצְתֶּם	2mp	תִּרְחֲצוּ
רְחַצְתֶּן	2fp	תִּרְחַצְנָה
רָחַצְנוּ	1cp	נִרְחַץ

JUSSIVE

3ms	יִרְחַץ

COHORTATIVE

1cs	אֶרְחֲצָה
1cp	נִרְחֲצָה

רחץ

IMPERATIVE

MS	רְחַץ
fs	רַחֲצִי
MP	רַחֲצוּ
fp	רְחַצְנָה

PARTICIPLE

MS	רֹחֵץ
fs	רֹחֶצֶת / רֹחֲצָה
MP	רֹחֲצִים
fp	רֹחֲצוֹת

WAW-RELATIVE

3MS	וַיִּרְחַץ

INFINITIVE

INfc	רְחֹץ
INfa	רָחוֹץ

PERFECT		IMPERFECT
בֵּרֵךְ	3ms	יְבָרֵךְ
בֵּרְכָה	3fs	תְּבָרֵךְ
בֵּרַכְתָּ	2ms	תְּבָרֵךְ
בֵּרַכְתְּ	2fs	תְּבָרֲכִי
בֵּרַכְתִּי	1cs	אֲבָרֵךְ
בֵּרְכוּ	3mp	יְבָרֲכוּ
בֵּרְכוּ	3fp	תְּבָרֵכְנָה
בֵּרַכְתֶּם	2mp	תְּבָרֲכוּ
בֵּרַכְתֶּן	2fp	תְּבָרֵכְנָה
בֵּרַכְנוּ	1cp	נְבָרֵךְ

JUSSIVE

3ms	יְבָרֵךְ

COHORTATIVE

1cs	אֲבָרֲכָה
1cp	נְבָרֲכָה

ברך

IMPERATIVE

ms	בָּרֵךְ
fs	בָּרֲכִי
mp	בָּרֲכוּ
fp	בָּרֵכְנָה

PARTICIPLE

ms	מְבָרֵךְ
fs	מְבָרֶכֶת / מְבָרְכָה
mp	מְבָרְכִים
fp	מְבָרְכוֹת

WAW-RELATIVE

3ms	וַיְבָרֶךְ

INFINITIVE

Infc	בָּרֵךְ
Infa	בָּרֵךְ / בָּרוֹךְ

PERFECT		**IMPERFECT**
נָפַל	3ms	יִפֹּל
נָפְלָה	3fs	תִּפֹּל
נָפַלְתָּ	2ms	תִּפֹּל
נָפַלְתְּ	2fs	תִּפְּלִי
נָפַלְתִּי	1cs	אֶפֹּל
נָפְלוּ	3mp	יִפְּלוּ
נָפְלוּ	3fp	תִּפֹּלְנָה
נְפַלְתֶּם	2mp	תִּפְּלוּ
נְפַלְתֶּן	2fp	תִּפֹּלְנָה
נָפַלְנוּ	1cp	נִפֹּל

JUSSIVE

3ms	יִפֹּל

COHORTATIVE

1cs	אֶפְּלָה
1cp	נִפְּלָה

נפל

IMPERATIVE

ms	נְפֹל
fs	נִפְלִי
mp	נִפְלוּ
fp	נְפֹלְנָה

PARTICIPLE

ms	נֹפֵל
fs	נֹפֶלֶת / נֹפְלָה
mp	נֹפְלִים
fp	נֹפְלוֹת

WAW-RELATIVE

3ms	וַיִּפֹּל

INFINITIVE

Infc	נְפֹל
Infa	נָפוֹל

PERFECT		IMPERFECT
נִצַּל	3ms	יִנָּצֵל
נִצְּלָה	3fs	תִּנָּצֵל
נִצַּלְתָּ	2ms	תִּנָּצֵל
נִצַּלְתְּ	2fs	תִּנָּצְלִי
נִצַּלְתִּי	1cs	אֶנָּצֵל
נִצְּלוּ	3mp	יִנָּצְלוּ
נִצְּלוּ	3fp	תִּנָּצַלְנָה
נִצַּלְתֶּם	2mp	תִּנָּצְלוּ
נִצַּלְתֶּן	2fp	תִּנָּצַלְנָה
נִצַּלְנוּ	1cp	נִנָּצֵל

JUSSIVE

3ms	יִנָּצֵל

COHORTATIVE

1cs	אֶנָּצְלָה
1cp	נִנָּצְלָה

נצל

IMPERATIVE

ms	הִנָּצֵל
fs	הִנָּצְלִי
mp	הִנָּצְלוּ
fp	הִנָּצַלְנָה

PARTICIPLE

ms	נִצָּל
fs	נִצֶּלֶת / נִצָּלָה
mp	נִצָּלִים
fp	נִצָּלוֹת

WAW-RELATIVE

3ms	וַיִּנָּצֵל

INFINITIVE

Infc	הִנָּצֵל
InfA	הִנָּצֵל / הִנָּצֹל / נִצֹּל

PERFECT		IMPERFECT
הִצִּיל	3ms	יַצִּיל
הִצִּילָה	3fs	תַּצִּיל
הִצַּלְתָּ	2ms	תַּצִּיל
הִצַּלְתְּ	2fs	תַּצִּילִי
הִצַּלְתִּי	1cs	אַצִּיל
הִצִּילוּ	3mp	יַצִּילוּ
הִצִּילוּ	3fp	תַּצֵּלְנָה
הִצַּלְתֶּם	2mp	תַּצִּילוּ
הִצַּלְתֶּן	2fp	תַּצֵּלְנָה
הִצַּלְנוּ	1cp	נַצִּיל

JUSSIVE

3ms	יַצֵּל

COHORTATIVE

1cs	אַצִּילָה
1cp	נַצִּילָה

נצל

IMPERATIVE

MS	הַצֵּל
fs	הַצִּילִי
MP	הַצִּילוּ
fp	הַצֵּלְנָה

PARTICIPLE

MS	מַצִּיל
fs	מַצֶּלֶת / מַצִּילָה
MP	מַצִּילִים
fp	מַצִּילוֹת

WAW-RELATIVE

3MS	וַיַּצֵּל

INFINITIVE

Infc	הַצִּיל
Infa	הַצֵּל

I YOD (YOD) QAL

PERFECT		IMPERFECT
יָטֵב	3ms	יִיטַב
יָטְבָה	3fs	תִּיטַב
יָטַבְתָּ	2ms	תִּיטַב
יָטַבְתְּ	2fs	תִּיטְבִי
יָטַבְתִּי	1cs	אִיטַב
יָטְבוּ	3mp	יִיטְבוּ
יָטְבוּ	3fp	תִּיטַבְנָה
יְטַבְתֶּם	2mp	תִּיטְבוּ
יְטַבְתֶּן	2fp	תִּיטַבְנָה
יָטַבְנוּ	1cp	נִיטַב

JUSSIVE

3ms	יִיטַב

COHORTATIVE

1cs	אִיטְבָה
1cp	נִיטְבָה

ישׁב

IMPERATIVE

ms	XXX
fs	XXX
mp	XXX
fp	XXX

PARTICIPLE

ms	XXX
fs	XXX
mp	XXX
fp	XXX

WAW-RELATIVE

3ms	וַיֵּשֶׁב

INFINITIVE

Infc	XXX
Infa	XXX

PERFECT			IMPERFECT
הֵיטִיב	3ms		יֵיטִיב
הֵיטִיבָה	3fs		תֵּיטִיב
הֵיטַבְתָּ	2ms		תֵּיטִיב
הֵיטַבְתְּ	2fs		תֵּיטִיבִי
הֵיטַבְתִּי	1cs		אֵיטִיב
הֵיטִיבוּ	3mp		יֵיטִיבוּ
הֵיטִיבוּ	3fp		תֵּיטֵבְנָה
הֵיטַבְתֶּם	2mp		תֵּיטִיבוּ
הֵיטַבְתֶּן	2fp		תֵּיטֵבְנָה
הֵיטַבְנוּ	1cp		נֵיטִיב

JUSSIVE

3ms	יֵיטֵב

COHORTATIVE

1cs	אֵיטִיבָה
1cp	נֵיטִיבָה

יטב

IMPERATIVE

ms	הֵיטֵב
fs	הֵיטִיבִי
mp	הֵיטִיבוּ
fp	הֵיטֵבְנָה

PARTICIPLE

ms	מֵיטִיב
fs	מֵיטֶבֶת / מֵיטִיבָה
mp	מֵיטִיבִים
fp	מֵיטִיבוֹת

WAW-RELATIVE

3ms	וַיֵּיטֶב

INFINITIVE

Infc	הֵיטִיב
InfA	הֵיטֵב

PERFECT		IMPERFECT
יָשַׁב	3ms	יֵשֵׁב
יָשְׁבָה	3fs	תֵּשֵׁב
יָשַׁבְתָּ	2ms	תֵּשֵׁב
יָשַׁבְתְּ	2fs	תֵּשְׁבִי
יָשַׁבְתִּי	1cs	אֵשֵׁב
יָשְׁבוּ	3mp	יֵשְׁבוּ
יָשְׁבוּ	3fp	תֵּשַׁבְנָה
יְשַׁבְתֶּם	2mp	תֵּשְׁבוּ
יְשַׁבְתֶּן	2fp	תֵּשַׁבְנָה
יָשַׁבְנוּ	1cp	נֵשֵׁב

JUSSIVE

3ms	יֵשֶׁב

COHORTATIVE

1cs	אֵשְׁבָה
1cp	נֵשְׁבָה

ישב

IMPERATIVE

ms	שֵׁב
fs	שְׁבִי
mp	שְׁבוּ
fp	שֵׁבְנָה

PARTICIPLE

ms	יֹשֵׁב
fs	יֹשֶׁבֶת / יֹשְׁבָה
mp	יֹשְׁבִים
fp	יֹשְׁבוֹת

WAW-RELATIVE

3ms	וַיֵּשֶׁב

INFINITIVE

Infc	שֶׁבֶת
InfA	יָשׁוֹב

I YOD (WAW)　　　　HIPHIL

PERFECT		IMPERFECT
הוֹשִׁיב	3ms	יוֹשִׁיב
הוֹשִׁיבָה	3fs	תּוֹשִׁיב
הוֹשַׁבְתָּ	2ms	תּוֹשִׁיב
הוֹשַׁבְתְּ	2fs	תּוֹשִׁיבִי
הוֹשַׁבְתִּי	1cs	אוֹשִׁיב
הוֹשִׁיבוּ	3mp	יוֹשִׁיבוּ
הוֹשִׁיבוּ	3fp	תּוֹשֵׁבְנָה
הוֹשַׁבְתֶּם	2mp	תּוֹשִׁיבוּ
הוֹשַׁבְתֶּן	2fp	תּוֹשֵׁבְנָה
הוֹשַׁבְנוּ	1cp	נוֹשִׁיב

JUSSIVE

3ms	יוֹשֵׁב

COHORTATIVE

1cs	אוֹשִׁיבָה
1cp	נוֹשִׁיבָה

ישב

IMPERATIVE

ms	הוֹשֵׁב
fs	הוֹשִׁיבִי
mp	הוֹשִׁיבוּ
fp	הוֹשֵׁבְנָה

PARTICIPLE

ms	מוֹשִׁיב
fs	מוֹשֶׁבֶת / מוֹשִׁיבָה
mp	מוֹשִׁיבִים
fp	מוֹשִׁיבוֹת

WAW-RELATIVE

3ms	וַיּוֹשֶׁב

INFINITIVE

Infc	הוֹשִׁיב
Infa	הוֹשֵׁב

I YOD (WAW) NIPHAL

PERFECT		IMPERFECT
נוֹשַׁב	3ms	יִוָּשֵׁב
נוֹשְׁבָה	3fs	תִּוָּשֵׁב
נוֹשַׁבְתָּ	2ms	תִּוָּשֵׁב
נוֹשַׁבְתְּ	2fs	תִּוָּשְׁבִי
נוֹשַׁבְתִּי	1cs	אִוָּשֵׁב
נוֹשְׁבוּ	3mp	יִוָּשְׁבוּ
נוֹשְׁבוּ	3fp	תִּוָּשַׁבְנָה
נוֹשַׁבְתֶּם	2mp	תִּוָּשְׁבוּ
נוֹשַׁבְתֶּן	2fp	תִּוָּשַׁבְנָה
נוֹשַׁבְנוּ	1cp	נִוָּשֵׁב

JUSSIVE

3ms	יִוָּשֵׁב

COHORTATIVE

1cs	אִוָּשְׁבָה
1cp	נִוָּשְׁבָה

ישב

IMPERATIVE

ms	הִוָּשֵׁב
fs	הִוָּשְׁבִי
mp	הִוָּשְׁבוּ
fp	הִוָּשַׁבְנָה

PARTICIPLE

ms	נוֹשָׁב
fs	נוֹשֶׁבֶת / נוֹשָׁבָה
mp	נוֹשָׁבִים
fp	נוֹשָׁבוֹת

WAW-RELATIVE

3ms	וַיִּוָּשֵׁב

INFINITIVE

Infc	הִוָּשֵׁב
InfA	הִוָּשֵׁב

PERFECT		**IMPERFECT**
גָּלָה	3ms	יִגְלֶה
גָּלְתָה	3fs	תִּגְלֶה
גָּלִיתָ	2ms	תִּגְלֶה
גָּלִית	2fs	תִּגְלִי
גָּלִיתִי	1cs	אֶגְלֶה
גָּלוּ	3mp	יִגְלוּ
גָּלוּ	3fp	תִּגְלֶינָה
גְּלִיתֶם	2mp	תִּגְלוּ
גְּלִיתֶן	2fp	תִּגְלֶינָה
גָּלִינוּ	1cp	נִגְלֶה

JUSSIVE

3ms	יִגֶל

COHORTATIVE

1cs	אֶגְלֶה
1cp	נִגְלֶה

גלה

IMPERATIVE

ms	גְּלֵה
fs	גְּלִי
mp	גְּלוּ
fp	גְּלֶינָה

PARTICIPLE

ms	גֹּלֶה
fs	גֹּלָה
mp	גֹּלִים
fp	גֹּלוֹת

WAW-RELATIVE

3ms	וַיִּגֶל

INFINITIVE

Infc	גְּלוֹת
Infa	גָּלֹה

PERFECT		IMPERFECT
נִגְלָה	3ms	יִגָּלֶה
נִגְלְתָה	3fs	תִּגָּלֶה
נִגְלֵיתָ	2ms	תִּגָּלֶה
נִגְלֵית	2fs	תִּגָּלִי
נִגְלֵיתִי	1cs	אֶגָּלֶה
נִגְלוּ	3mp	יִגָּלוּ
נִגְלוּ	3fp	תִּגָּלֶינָה
נִגְלֵיתֶם	2mp	תִּגָּלוּ
נִגְלֵיתֶן	2fp	תִּגָּלֶינָה
נִגְלֵינוּ	1cp	נִגָּלֶה

JUSSIVE

3ms	יִגָּל

COHORTATIVE

1cs	אֶגָּלֶה
1cp	נִגָּלֶה

גלה

IMPERATIVE

MS	הִגָּלֵה
fs	הִגָּלִי
mp	הִגָּלוּ
fp	XXX

PARTICIPLE

MS	נִגְלֶה
fs	נִגְלָה
mp	נִגְלִים
fp	נִגְלוֹת

WAW-RELATIVE

3MS	וַיִּגָּל

INFINITIVE

Infc	הִגָּלוֹת
Infa	הִגָּלֵה / נִגְלֹה

PERFECT		IMPERFECT
גִּלָּה	3ms	יְגַלֶּה
גִּלְּתָה	3fs	תְּגַלֶּה
גִּלִּיתָ	2ms	תְּגַלֶּה
גִּלִּית	2fs	תְּגַלִּי
גִּלִּיתִי	1cs	אֲגַלֶּה
גִּלּוּ	3mp	יְגַלּוּ
גִּלּוּ	3fp	תְּגַלֶּינָה
גִּלִּיתֶם	2mp	תְּגַלּוּ
גִּלִּיתֶן	2fp	תְּגַלֶּינָה
גִּלִּינוּ	1cp	נְגַלֶּה

JUSSIVE

3ms	יְגַל

COHORTATIVE

1cs	אֲגַלֶּה
1cp	נְגַלֶּה

גלה

IMPERATIVE

ms	גַּלֵּה
fs	גַּלִּי
mp	גַּלּוּ
fp	XXX

PARTICIPLE

ms	מְגַלֶּה
fs	מְגַלָּה
mp	מְגַלִּים
fp	מְגַלּוֹת

WAW-RELATIVE

3ms	וַיְגַל

INFINITIVE

Infc	גַּלּוֹת
Infa	גַּלֵּה / גַּלֹּה

PERFECT		IMPERFECT
הִגְלָה	3ms	יַגְלֶה
הִגְלְתָה	3fs	תַּגְלֶה
הִגְלִיתָ	2ms	תַּגְלֶה
הִגְלִית	2fs	תַּגְלִי
הִגְלִיתִי	1cs	אַגְלֶה
הִגְלוּ	3mp	יַגְלוּ
הִגְלוּ	3fp	תַּגְלֶינָה
הִגְלִיתֶם	2mp	תַּגְלוּ
הִגְלִיתֶן	2fp	תַּגְלֶינָה
הִגְלִינוּ	1cp	נַגְלֶה

JUSSIVE

3ms	יֶגֶל

COHORTATIVE

1cs	אַגְלֶה
1cp	נַגְלֶה

גלה

IMPERATIVE

MS	הַגְלֵה
fs	הַגְלִי
MP	הַגְלוּ
fp	XXX

PARTICIPLE

MS	מַגְלֶה
fs	מַגְלָה
MP	מַגְלִים
fp	מַגְלוֹת

WAW-RELATIVE

3MS	וַיֶּגֶל

INFINITIVE

INfc	הַגְלוֹת
INfa	הַגְלֵה

PERFECT		IMPERFECT
מָצָא	3ms	יִמְצָא
מָצְאָה	3fs	תִּמְצָא
מָצָאתָ	2ms	תִּמְצָא
מָצָאת	2fs	תִּמְצְאִי
מָצָאתִי	1cs	אֶמְצָא
מָצְאוּ	3mp	יִמְצְאוּ
מָצְאוּ	3fp	תִּמְצֶאנָה
מְצָאתֶם	2mp	תִּמְצְאוּ
מְצָאתֶן	2fp	תִּמְצֶאנָה
מָצָאנוּ	1cp	נִמְצָא

JUSSIVE

3ms	יִמְצָא

COHORTATIVE

1cs	אֶמְצְאָה
1cp	נִמְצְאָה

מָצָא

IMPERATIVE

MS	מְצָא
fs	מִצְאִי
Mp	מִצְאוּ
fp	מְצֶאנָה

PARTICIPLE

MS	מֹצֵא
fs	מֹצֵאת
Mp	מֹצְאִים
fp	מֹצְאוֹת

WAW-RELATIVE

3MS	וַיִּמְצָא

INFINITIVE

INfc	מְצֹא
INfa	מָצוֹא

PERFECT		IMPERFECT
קָם	3ms	יָקוּם
קָמָה	3fs	תָּקוּם
קַמְתָּ	2ms	תָּקוּם
קַמְתְּ	2fs	תָּקוּמִי
קַמְתִּי	1cs	אָקוּם
קָמוּ	3mp	יָקוּמוּ
קָמוּ	3fp	תְּקוּמֶינָה
קַמְתֶּם	2mp	תָּקוּמוּ
קַמְתֶּן	2fp	תְּקוּמֶינָה
קַמְנוּ	1cp	נָקוּם

JUSSIVE

| 3ms | יָקֹם |

COHORTATIVE

| 1cs | אָקוּמָה |
| 1cp | נָקוּמָה |

קוּם

IMPERATIVE

ms	קוּם
fs	קוּמִי
mp	קוּמוּ
fp	קֹמְנָה

PARTICIPLE

ms	קָם
fs	קָמָה
mp	קָמִים
fp	קָמוֹת

WAW-RELATIVE

3ms	וַיָּקָם

INFINITIVE

Infc	קוּם
Infa	קוֹם

PERFECT		IMPERFECT
הֵקִים	3ms	יָקִים
הֵקִימָה	3fs	תָּקִים
הֲקִימוֹתָ	2ms	תָּקִים
הֲקִימוֹת	2fs	תָּקִימִי
הֲקִימוֹתִי	1cs	אָקִים
הֵקִימוּ	3mp	יָקִימוּ
הֵקִימוּ	3fp	תְּקִימֶינָה
הֲקִימוֹתֶם	2mp	תָּקִימוּ
הֲקִימוֹתֶן	2fp	תְּקִימֶינָה
הֲקִימוֹנוּ	1cp	נָקִים

JUSSIVE

3ms	יָקֵם

COHORTATIVE

1cs	אָקִימָה
1cp	נָקִימָה

קוּם

IMPERATIVE

MS	הָקֵם
fs	הָקִימִי
mp	הָקִימוּ
fp	הָקֵמְנָה

PARTICIPLE

MS	מֵקִים
fs	מְקִימָה
mp	מְקִימִים
fp	מְקִימוֹת

WAW-RELATIVE

3ms	וַיָּקֶם

INFINITIVE

Infc	הָקִים
Infa	הָקֵם

GEMINATE QAL

PERFECT		IMPERFECT
סָבַב	3ms	יָסֹב
סָבֲבָה	3fs	תָּסֹב
סַבּוֹתָ	2ms	תָּסֹב
סַבּוֹת	2fs	תָּסֹבִּי
סַבּוֹתִי	1cs	אָסֹב
סָבֲבוּ	3mp	יָסֹבּוּ
סָבֲבוּ	3fp	תְּסֻבֶּינָה
סַבּוֹתֶם	2mp	תָּסֹבּוּ
סַבּוֹתֶן	2fp	תְּסֻבֶּינָה
סַבּוֹנוּ	1cp	נָסֹב

JUSSIVE

3ms	יָסֹב

COHORTATIVE

1cs	אָסֹבָּה
1cp	נָסֹבָּה

62 ■ POCKET PARADIGMS

סבב

IMPERATIVE

MS	סֹב
fs	סֹבִּי
mp	סֹבּוּ
fp	סֻבֶּינָה

PARTICIPLE

MS	סֹבֵב
fs	סֹבְבָה
mp	סֹבְבִים
fp	סֹבְבוֹת

WAW-RELATIVE

3MS	וַיָּסָב

INFINITIVE

Infc	סֹב / סְבֹב
Infa	סָבוֹב

GEMINATE   HIPHIL

PERFECT   ## IMPERFECT

הֵסֵב	3ms	יָסֵב
הֵסֵבָּה	3fs	תָּסֵב
הֲסִבּוֹתָ	2ms	תָּסֵב
הֲסִבּוֹת	2fs	תָּסֵבִּי
הֲסִבּוֹתִי	1cs	אָסֵב
הֵסֵבּוּ	3mp	יָסֵבּוּ
הֵסֵבּוּ	3fp	תְּסִבֶּינָה
הֲסִבּוֹתֶם	2mp	תָּסֵבּוּ
הֲסִבּוֹתֶן	2fp	תְּסִבֶּינָה
הֲסִבּוֹנוּ	1cp	נָסֵב

JUSSIVE

	3ms	יָסֵב

COHORTATIVE

	1cs	אָסֵבָּה
	1cp	נָסֵבָּה

סבב

IMPERATIVE

ms	הָסֵב
fs	הָסֵבִּי
mp	הָסֵבּוּ
fp	הֲסִבֶּינָה

PARTICIPLE

ms	מֵסֵב
fs	מְסִבָּה
mp	מְסִבִּים
fp	מְסִבּוֹת

WAW-RELATIVE

3ms	וַיָּסֶב

INFINITIVE

Infc	הָסֵב
Infa	הָסֵב